GUAU
miau
pío pío

Cécile Boyer

Tramuntana

¿Sabes qué diferencia hay
entre un perro, un gato y un pájaro?

El perro se queda fuera durante
el día. Vigila la casa.

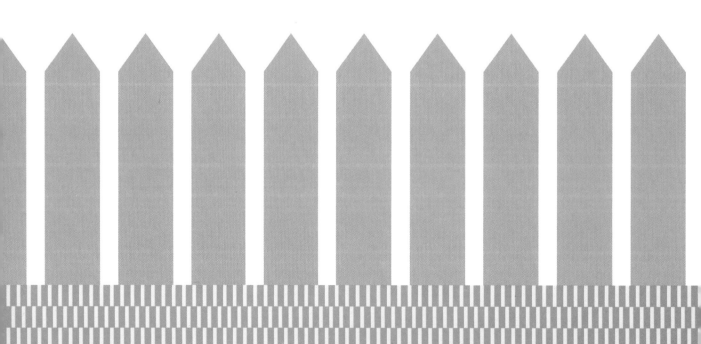

El gato prefiere la comodidad
de un bello interior.

Y al pájaro no le gusta estar enjaulado.

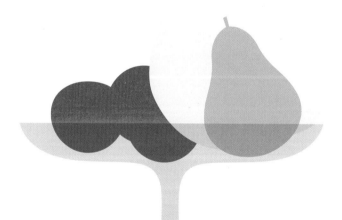

Porque está hecho para volar
muy alto por el cielo.

pío pío

El gato es un solitario.
Al caer la noche, se pasea solo
por los tejados.

El perro necesita compañía
y obedece a su amo.

«¡Dame la pata!»

«¡Siéntate!»

GU
AU

GU
AU

«¡Tumbado!» «¡Está bien,
eres un buen perro!»

pío pío ♪ ♪ ♪

El pájaro, posado sobre una rama,
canta su buen humor.

Al gato le encanta aventurarse
por encima de la mesa, muy cerca
de los objetos frágiles.

Afortunadamente, jamás rompe nada,
porque el gato es muy ágil.

iai

El perro no puede abstenerse
de hacer pipí en las paredes.

pío pío

A veces, el pájaro también puede
causar daños. ¡Cuidado si pasas
en el momento equivocado!

El juego favorito del perro
es correr detrás de la pelota.

GUAU

GUAU

GUAU

GUAU

GUAU

GUAU

GUAU

Cuando llega la hora de jugar,
el perro salta de alegría. ¡Está tan feliz!

GUAU

Durante toda esta agitación,
el gato prefiere dormir.

miau

pío pío

pío pío

pío pío

pío pío

pío pío

pío pío

pío pío

El pájaro permanece en lo alto, con los suyos.

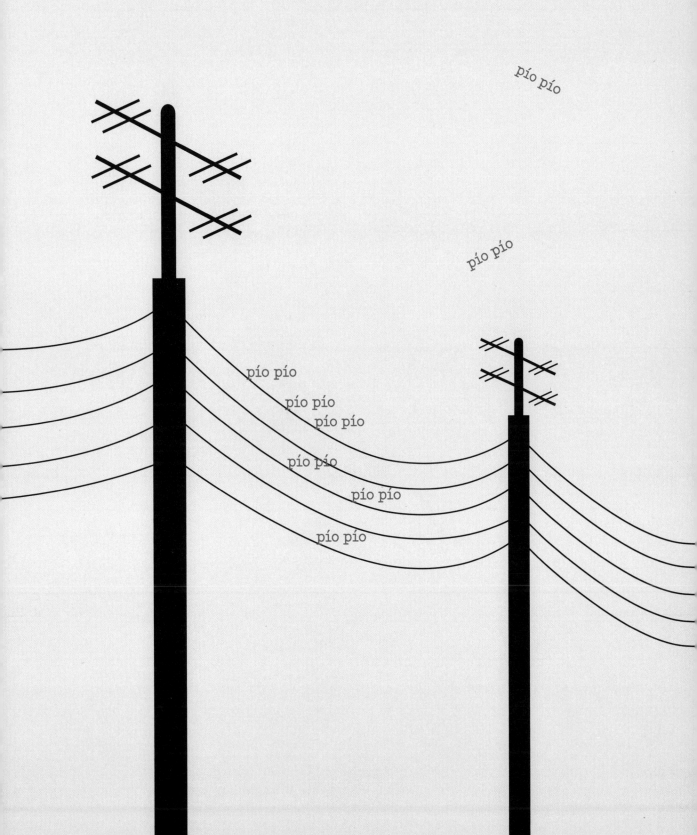

A veces, el perro, el gato y el pájaro
están obligados a encontrarse.
¿Sabes qué pasa entonces?

Cuando el perro se cruza con el pájaro,
no pasa nada importante.

GUA

pío pío

Pero si el perro y el gato se encuentran,
¡enseguida empieza la pelea!

Muerto de miedo, el gato trepa a un árbol.

miau

Ahí se encuentra con el pájaro,
prudentemente posado en una rama.

pío pío

En un segundo, ¡el gato le salta encima!

pío pío

Afortunadamente, el pájaro
consigue escaparse.

Cada uno puede regresar a sus asuntos.

Los tres vivirán aún mucho tiempo
sus vidas de perro, de gato y de pájaro.

Este libro fue escrito e ilustrado
por Cécile Boyer
y traducido por María Teresa Rivas

GUAU

fue compuesta en Futura,
fuente diseñada por Paul Renner.

miau

fue diseñada especialmente para la obra
por Emmanuel Pevny.

pío pío

fue compuesta en Elementa, fuente diseñada
por Mindaugas Strockis.

El texto ha sido compuesto
en Neutraface, fuente diseñada
por Christian Schwartz, a partir
de las letras de Richard Neutra.

Título original: *Ouaf Miaou Cui-Cui*
Texto e ilustraciones de Cécile Boyer
© 2009, Albin Michel Jeunesse
Publicado por acuerdo con Isabelle Torrubia
Agencia Literaria

Traducción del francés: María Teresa Rivas
Primera edición en castellano para todo
el mundo © abril 2017
Tramuntana Editorial – c/ Cuenca, 35
17220 Sant Feliu de Guíxols (Girona)
www.tramuntanaeditorial.com
ISBN: 978-84-16578-36-8
Depósito legal: GI 1833-2016
Impreso en China